Der kleine Hase lernt lesen

tosa

Dieses Buch gehört:

. . . .

1090 Wien, Alser Straße 24
Text und Illustrationen: Norbert Pautner, München
Covergestaltung: Joseph Koó
Coverbild: Norbert Pautner
Druck: DELO tiskarna, Slowenien

www.tosa-verlag.com

Der kleine Hase lernt lesen

Familie Hase sitzt am Frühstückstisch.
Der kleine Hase isst Müsli mit Kleehonig, Mama Hase trinkt Löwenzahntee und Papa Hase liest gemütlich die Morgenzeitung.
Plötzlich ruft Papa Hase: „Schaut mal! In der Zeitung schreiben sie über unseren Sportverein.“ Papa Hase ist Torwart im 1. FC Osterei. Am Wochenende hatte der 1. FC Osterei beim Fußballspiel gegen die Mannschaft des VfL Waschbär mit 7:3 gewonnen.
Neugierig guckt Mama Hase ihrem Mann über die Schulter und freut sich: „Die haben ja sogar ein Bild von dir abgedruckt!“

„Will ich auch sehen!“, ruft der kleine Hase aufgeregt, denn er hat noch nie ein Bild von seinem Papa in der Zeitung gesehen.
Aber als sein Vater ihm die Zeitung hinhält, ist er ein bisschen enttäuscht. „Da kann man doch gar nichts erkennen!“, nörgelt der kleine Hase. „Da ist ja bloß ein Kasten mit einer schwarzen Figur zu sehen.“
„Ja, aber unter dem Bild steht: ‚Torwart Hase hält den Elfmeter in der 32. Minute.‘“, erklärt Mama Hase.

Das findet der kleine Hase doof.
Wo er doch noch gar nicht lesen kann!
Da ist schon mal ein Bild von seinem Papa in der Zeitung, und dann muss man lesen können, um zu wissen, dass es sein Papa ist.
„Wo steht denn da ‚Hase‘?“, will der kleine Hase wissen.
Papa Hase zeigt es ihm: „Schau, da: H - a - s - e.
So heißen wir.“
„H - a - s - e“, wiederholt der kleine Hase.
Dass es Buchstaben sind, weiß er schon. Aber die sehen so merkwürdig aus. Ob er sich „H - a - s - e“ merken kann?

„Du, Papa“, fragt der kleine Hase seinen Vater, „ist Lesenkönnen einfach oder schwer?“
„Nur ganz am Anfang ist das ein bisschen schwierig“, antwortet Papa Hase. „Lesen lernst du gleich als Erstes, wenn du nächstes Jahr in die Schule kommst.“
„Kann ich nicht jetzt schon lesen lernen?“, bettelt der kleine Hase. „Bitte, bitte, bitte …“

Papa Hase überlegt: „Mama und ich können zwar lesen, aber ich bin mir nicht sicher, ob wir so gute Lehrer sind …“ Papa Hase ist unsicher. Da kommt ihm eine Idee.
„Kleiner Hase, was hältst du davon, wenn du mich heute ein Stück begleitest?“, fragt er. „Ich könnte dich auf dem Weg zur Ostereier-Fabrik bei der Eule absetzen. Die Eule ist nicht nur klug, sie hat auch ganz viele und besonders schöne Bücher, mit denen man bestimmt gut lesen üben kann.“
Der kleine Hase ist vor Freude fast nicht mehr zu halten.
Er soll heute lesen lernen!
„Gehen wir jetzt gleich los? Ja?“, drängelt er ganz aufgeregt.

„Gleich, gleich …“, Papa Hase muss ein bisschen schmunzeln. Der kleine Hase kann's wohl kaum abwarten. „Lass mich doch erst mal meinen Tee austrinken“, brummelt Papa Hase. Während er seinen Tee schlürft, aufsteht und seine Tasche sucht, läuft der kleine Hase aufgeregt im Haus herum.
„Ich bin schon fertig, wir können los! Ich bin nämlich schon fertig …“, drängelt er.
Endlich steht Papa Hase an der Tür.
„Na, dann komm“, sagt er bloß.

Der kleine Hase und sein Vater gehen zuerst den Weg am Bach entlang. Dann spazieren sie über die Waldlichtung und stehen schon bald vor dem Haus der Eule.
Papa Hase klopft an die Tür.
Es dauert ein bisschen, dann öffnet die Eule.
„Oh, hallo!“ Die Eule hat nicht mit Besuch gerechnet.
„Wenn das nicht die halbe Hasenfamilie ist!
Was für eine nette Überraschung. Kommt doch herein!“
„Ich muss gleich weiter“, sagt Papa Hase so, wie das alle Erwachsenen sagen. „Aber der kleine Hase hier möchte gern lesen lernen.“

„Ja, Lesen ist eine seeehr schöne Sache“, sagt die Eule.
„Ich glaube, kleiner Hase, es wird auch dir viel Spaß machen.“
Als sie das sagt, bekommt die Eule richtig leuchtende Augen.
Papa Hase ist froh, dass die Eule so offensichtlich Spaß
daran hat, dem kleinen Hasen das Lesen beizubringen.
Fröhlich verabschiedet er sich von der Eule und dem
kleinen Hasen und geht weiter zur Ostereier-Fabrik.
Schließlich ist er stellvertretender Leiter der Farben-Abteilung,
da darf er nicht zu spät kommen!
Die Eule und der kleine Hase winken Papa Hase hinterher.
Dann sagt die Eule: „Warte, ich hole uns ein Buch aus
meinem Schrank. Das ist genau das Richtige für uns.
Ich habe es selbst gemacht.“ Dann verschwindet sie im Haus.

Als sie wieder herauskommt, hat sie ein dickes rotes Buch unter dem Arm. „Ganz richtig, Lesen ist wichtig“, sagt die Eule. Dabei spricht sie jedes Wort absichtlich ein wenig zu deutlich und sehr betont aus. Dann fügt sie hinzu:
„Lesen ist eine Schlüssel-Qualifikation!“
Der kleine Hase weiß nicht, was das sein soll, eine „Schüssel-Quark-Fikition“. Aber er freut sich viel zu sehr aufs Lesen lernen, da hat er gar keine Zeit, über komische Erwachsenen-Worte nachzudenken.
Die Eule macht noch eine klitzekleine Pause und meint dann:
„Das ist mein Buchstaben-Buch!“

Dann schlägt sie das Buch auf.
In dem Buch sind viele Buchstaben und Bilder zu sehen.
Die Eule hatte die Buchstaben aus Zeitungen, Zeitschriften, Büchern und Kaufhaus-Katalogen ausgeschnitten und in der richtigen Reihenfolge in ihr Buch geklebt.
Daneben hatte sie Bilder von Dingen geklebt oder gemalt, die mit dem dazugehörigen Buchstaben geschrieben wurden.

A

„Der erste Buchstabe ist das A“, beginnt die Eule. „Das kann man sich gut merken: A steht am Anfang. Und in ‚Anfang‘ sind gleich zwei As: eins am Anfang und eins in der Mitte. Außerdem kommt es in so schönen Wörtern wie ‚Hase‘ vor.“

B

„Der zweite Buchstabe heißt ‚B'. Mein Lieblingswort mit B ist Buch", sagt die Eule. Der kleine Hase findet, dass das B sogar ein bisschen wie ein Buch aussieht. Er macht: „B!" Dabei bläst er seine Backen auf.

C

Der nächste Buchstabe sieht aus wie ein kaputter Kreis.
Die Eule nennt ihn „C“ und erklärt: „C klingt manchmal wie ‚k…‘ und manchmal wie ‚ts…‘.“ Aha! Der kleine Hase findet, dass das C ein komischer Buchstabe ist.

D

Die Eule blättert um und zeigt auf einen neuen Buchstaben:
„Das ist das D."
„Dideldaddeldudeldum", singt der kleine Hase.
Das D macht ihm Spaß.

Auf der nächsten Seite ist eine umgefallene Gabel zu sehen.
„Das ist das E!“, erklärt die Eule. „Ein Superbuchstabe!
Er ist in ‚Hase‘ drin und auch in ‚Eule‘ kommt er gleich
zweimal vor!“

F

„Das ist ein F“, sagt die Eule und der kleine Hase macht: „Fffff!“ Das klingt ja wie Wind!
Der kleine Hase denkt: „So kann ich mir den Buchstaben F gut merken: Denn er sieht aus wie eine Fahne im Wind.“

G

Der Buchstabe auf der nächsten Seite sieht fast aus wie das C, nur unten rechts ist noch so ein Haken dran.
Die Eule sagt: „Das ist das G.“
„G-g-g-g-g-g“, gurgelt der kleine Hase.

H

Die Eule blättert um und sagt: „Das ist das H.“
Der kleine Hase findet, dass man das H kaum hören kann.
„Hhhhhh – das hört man ja kaum“, sagt er.
„Das H hört man meist nur dann, wenn andere Buchstaben dabeistehen – wie in ‚Hase‘“, erklärt die Eule.

„Das ist ja ein einfacher Buchstabe! Das ist ja nur ein Strich!“, ruft der kleine Hase, als er das I sieht.
Die Eule sagt: „Der Strich ist der Buchstabe I.“
„Iiih, iiih, iiih“, kreischt der kleine Hase.
Die Eule ist ein bisschen genervt von der Kreischerei.

J

„Das ist das J. Es sieht aus wie ein Haken“, sagt die Eule. Das findet der kleine Hase auch. Und er findet, dass man „Jjj“ eigentlich gar nicht richtig aussprechen kann. Dieser Buchstabe braucht wohl auch dringend Nachbarn, damit man ihn hören kann.

K

Die Eule zeigt auf das K: „Das ist ein K.“ Der kleine Hase findet, dass das K sehr spitz aussieht. Und irgendwie klingt es ja auch sehr eckig. „Kikeriki!“, kräht der kleine Hase. Diese Kreischerei geht der Eule allmählich auf die Nerven.

L

„Das ist ja wieder ein einfacher Buchstabe: eine Ecke!“, ruft der kleine Hase, als die Eule auf das L zeigt.
Aber trotzdem klingt das L gar nicht eckig, sondern ganz weich: „La-le-lu“, singt der kleine Hase, „Li-la-Luftballon …“

M

„Das ist das M“, sagt die Eule.
„Mmmh“, macht der kleine Hase.
Die Eule schmunzelt: „Hört sich an, als ob du Hunger hättest.“
„Ja, auf Möhren-Mus“, lacht der kleine Hase.

N

„Das sieht aus wie ein halbes M“, findet der kleine Hase.
Die Eule erwidert: „Das ist ein N.“
„Das hört sich ja auch fast wie ein halbes M an“, denkt der kleine Hase.

O

„Und wie heißt der Kreis-Buchstabe da?“, fragt der kleine Hase und zeigt auf das O. „Das ist das O“, sagt die Eule. „Ooooh“, sagt der kleine Hase, „das klingt aber schön rund. Und so sieht es ja auch aus.“

P

„Der nächste Buchstabe“, sagt die Eule, „ist das P.“
„Sieht aus und klingt wie ein halbes B“, denkt der kleine Hase und sagt laut: „P-p-p-p!“ Dabei hätte er der Eule beinahe aus Versehen auf die Brille gespuckt.

Q

Das O mit Strich nennt die Eule Q.
„Eine Kuh?“, fragt der kleine Hase. „Nicht die Kuh – das Q!“, verbessert die Eule. „So heißt der Buchstabe.“ „Ob er so heißt, weil er einen Kuhschwanz hat?“, überlegt der kleine Hase.

R

Der nächste Buchstabe sieht so ähnlich aus wie B und P, klingt aber ganz anders. Die Eule sagt: „Das ist das R.“
„Rrrrrr“, macht der kleine Hase.
„Du knurrrrst ja wie ein Tigerrr“, sagt die Eule und lacht.

S

Jetzt kommt ein Buchstabe, der wie eine Schlange aussieht. Und er klingt auch so! Die Eule sagt: „Das ist das S.“ „Hissss …“ der kleine Hase zischelt wie eine Schlange. Und – „Ssssumm!“– summt wie eine Biene.

T

Die Eule blättert wieder eine Seite weiter. „Das ist das T“, sagt sie, „es sieht ein bisschen wie ein Tisch aus.“
„Wie ein Tee-Tisch“, witzelt der kleine Hase.
Die Eule braucht eine Weile, bis sie den Witz versteht.

U

„Und dieser Becher hier, das ist das U“, fährt die Eule fort.
„Uuuh!“, macht der kleine Hase. „Uuhuuh!“
„Das klingt ja gruselig – wie ein Geist“, findet der kleine Hase.
„Oder wie eine Eule …“, sagt die Eule.

V

„Das ist aber ein spitzer Buchstabe“, sagt der kleine Hase, als er das V sieht. „Das ist das V“, sagt die Eule, „man spricht es entweder ‚fff‘ oder ‚www‘ aus.“
„Das V ist ja genauso ein komischer Buchstabe wie das C“, denkt der kleine Hase, sagt es aber nicht laut.

W

„Oh, sind das zwei Vs?", fragt der kleine Hase, als die Eule ihm den nächsten Buchstaben zeigt.
„Nein, das ist das W", sagt sie, „das kommt in so schönen Wörtern wie Wald, Waldkauz und Waldohreule vor."
Die Eule wohnt übrigens sehr, sehr gern im Wald.

X Y

„Das Kreuz und das V mit Schwänzchen“, erklärt die Eule jetzt, „sind das X und das Ypsilon. Sie werden sehr, sehr selten gebraucht.“
„Ich kenne auch kein Wort, in dem ‚Ypsilon‘ vorkommt“, sagt der kleine Hase.
„Man spricht es auch nicht ‚Ypsilon‘ aus, sondern wie I, J, oder Ü.“
„Das ist ja noch komischer als C und V!“, denkt der kleine Hase.

Z

„Das Z ist der letzte Buchstabe.“ Die Eule sieht sehr zufrieden aus. Sie fragt: „Kennst du ein Wort mit Z?“
Der kleine Hase antwortet sofort: „Zickezacke, Hühner…“
„Bist du wohl still? Wer bringt dir denn solchen Ur sinn bei?“, schimpft die Eule. Sie muss sich doch sehr wundern.

Der kleine Hase ist ganz erschöpft. Es kommt ihm so vor, als würden lauter As, Bs und Cs um seinen Kopf kreisen. „So viele unterschiedliche Buchstaben!“, sagt er zur Eule. „Wie soll ich mir die bloß alle merken? Das dauert wohl noch eine Weile, bis ich lesen kann, oder?“
„Ja, Übung macht den Meister“, antwortet die Eule und fügt hinzu: „Es ist noch kein Meister vom Himmel gefallen.“
Der kleine Hase überlegt, was die Eule damit sagen will. Das hört sich irgendwie sehr schlau an. Solche schlauen Sätze hat die Eule bestimmt in einem Buch gelesen.

„Wie kann ich denn lesen üben?“ fragt der kleine Hase. Eigentlich wollte er fragen, ob die Eule ihn noch einmal in ihrem Buch lesen lässt, aber er traut sich nicht.
„Na, du könntest mich zum Beispiel morgen besuchen und noch mal in meinem Buch lesen“, sagt die Eule.
Manchmal hat der kleine Hase das Gefühl, dass die Eule ganz genau weiß, was er gerade denkt. Ob das daran liegt, dass sie so viel liest? Oder weil sie eine Brille hat?

Und dann sagt die Eule plötzlich: „Warte!“, und verschwindet in ihrem Haus. Der kleine Hase hört, wie sie im Schrank herumkramt. Was sie wohl sucht?
Als sie wieder herauskommt, hat sie ein ganz dünnes Buch in der Hand. „Das ist mein erstes Lesebuch“, sagt sie, „das habe ich bekommen, als ich so alt war wie du.
Es heißt: ‚Anna und Otto‘. Soll ich es dir vorlesen?“
„Oh ja, bitte!“, ruft der kleine Hase ganz vergnügt, „und ich darf mitlesen, ja?“

DAS IST ANNA. ANNA MALT EIN BILD.
DAS IST OTTO. ANNA MALT OTTO.

SO SIEHT OTTO AUF ANNAS BILD AUS:
OTTO ALS ENTE.
OTTO MAG DAS BILD NICHT.

ANNA LACHT. OTTO SCHIMPFT.
ABER ANNA MAG OTTO.
DARUM MALT ANNA NOCH EIN BILD.

DIESMAL SIEHT OTTO SO AUS:
OTTO ALS HELD.
ANNA UND OTTO LACHEN.

„Das ist aber ein schönes Buch!“, freut sich der kleine Hase.
„Ich kann’s schon fast allein lesen!“
„Wenn es dir so gefällt, schenke ich es dir“, sagt die Eule.
Der kleine Hase weiß gar nicht, was er sagen soll,
so sehr freut er sich. Ganz verlegen bedankt er sich gleich dreimal bei der Eule, dann verabschiedet er sich hastig und geht ganz schnell nach Hause.
Er will das Buch nämlich gleich noch einmal lesen.
Und diesmal ganz allein!

Nach dem Abendessen geht der kleine Hase gleich ins Bett. Aber seine Eltern wundern sich nicht. Er hatte ihnen ja das Buch gezeigt – mindestens viermal.
Jetzt liegt der kleine Hase im Bett und liest die Geschichte von Anna, Otto und dem Bild, auf dem Otto wie eine Ente aussieht. Doch er hat die Geschichte schon fast zu Ende gelesen. Das ist aber gar nicht so schlimm.
Denn dann kann er sie gleich noch einmal lesen.